Savais-tu?

Les Puces

Savais-tu?

Les Puces

Alain M. Bergeron
Michel Quintin
Sampar

Illustrations de Sampar

ÉDITIONS
MICHEL
QUINTIN

Catalogage avant publication de Bibliothèque et Archives nationales du Québec et Bibliothèque et Archives Canada

Bergeron, Alain M., 1957-

  Les puces

  (Savais-tu? ; 9)
  Pour enfants de 7 ans et plus.

  ISBN 978-2-89435-207-6

  1. Puces - Ouvrages pour la jeunesse.   2. Puces - Ouvrages illustrés. I. Quintin, Michel . II. Sampar. III. Titre. IV. Collection.

QL599.5.B47 2002   j595.77'5   C2002-940713-3

Révision linguistique : Maurice Poirier

Le Conseil des Arts du Canada
The Canada Council for the Arts

Québec
Patrimoine canadien   Canadian Heritage

La publication de cet ouvrage a été réalisée grâce au soutien financier du Conseil des Arts du Canada et de la SODEC. De plus, les Éditions Michel Quintin bénéficient de l'aide financière du gouvernement du Canada par l'entremise du Programme d'aide au développement de l'industrie de l'édition (PADIÉ) pour leurs activités d'édition.

Gouvernement du Québec – Programme de crédit d'impôt pour l'édition de livres – Gestion SODEC

ISBN 978-2-89435-207-6
Dépôt légal - Bibliothèque et Archives nationales du Québec, 2002
Dépôt légal - Bibliothèque et Archives Canada, 2002

Éditions Michel Quintin
C.P. 340, Waterloo (Québec)
Canada J0E 2N0
Tél.:   450 539-3774
Téléc.: 450 539-4905
www.editionsmichelquintin.ca

0 7 - M L - 3

Imprimé au Canada

Savais-tu que les puces sont des insectes sans ailes et qu'elles vivent partout dans le monde?

Savais-tu qu'il y a au-delà de 2 000 espèces de puces?

Savais-tu que, contrairement à ce que beaucoup croient, les puces et les poux sont 2 groupes complètement différents?

Ils ne se ressemblent pas physiquement, ne mangent pas la même chose, ne se reproduisent pas de la même façon, etc.

Savais-tu que les puces sont des parasites? C'est-à-dire qu'elles vivent aux dépens d'autres animaux.

Savais-tu que les puces adultes se nourrissent uniquement du sang des mammifères et des oiseaux?

Savais-tu que, comme le maringouin, les puces sont des insectes piqueurs-suceurs?

Leur bouche est effilée, semblable à une seringue, qu'elles enfoncent sous la peau pour aspirer le sang.

Savais-tu que la puce pique à toute heure du jour ou de la nuit et souvent plusieurs fois de suite?

Savais-tu que, contrairement à ce que beaucoup croient, les puces sont actives toute l'année?

Savais-tu que si la puce ne trouve pas son hôte naturel, elle peut piquer d'autres animaux?

C'est ainsi que la puce du chat ou du chien peut nous sauter dessus et nous piquer.

Savais-tu que la puce de l'homme, même si elle préfère l'homme, peut survivre sur les animaux domestiques et sauvages?

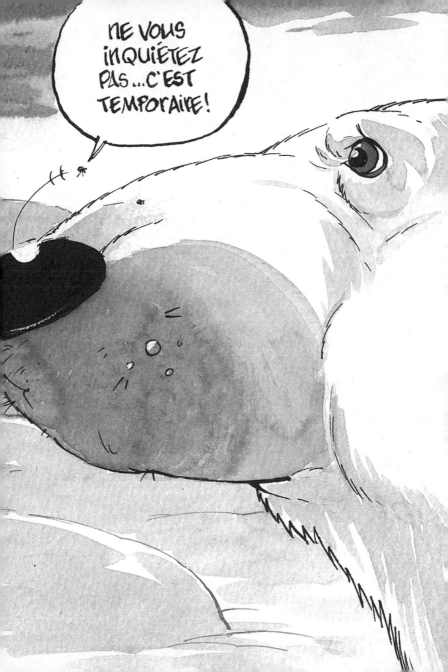

Savais-tu que les puces nous repèrent facilement en détectant les vibrations engendrées par nos mouvements?

Savais-tu que les puces peuvent transmettre de nombreuses maladies?

Savais-tu qu'au XIVe siècle, c'est la puce du rat qui a transmis la peste bubonique à l'homme?

À cette époque, cette maladie a décimé près du quart de la population européenne.

Savais-tu que la longueur maximum d'une puce adulte est de 6 millimètres?

Savais-tu que l'adulte a 6 longues pattes très bien adaptées au saut?

Savais-tu que, par rapport à sa grosseur, la puce détient le record du saut en hauteur? Elle peut sauter jusqu'à 200 fois la longueur de son corps.

Savais-tu qu'une puce peut sauter jusqu'à 10 000 fois par heure?

Savais-tu que, contrairement au pou, c'est en sautant qu'elle se déplace d'un hôte à un autre?

Savais-tu que c'est particulièrement pour cette raison qu'elle se propage très facilement d'un animal à un autre?

Savais-tu que les puces adultes ont un corps extrême-
ment étroit? Cela leur permet de se déplacer aisément
entre les poils ou les plumes de leur hôte.

Savais-tu que le squelette externe de la puce est particulièrement dur? C'est pour cela qu'il est très difficile de la tuer en l'écrasant.

Savais-tu qu'une femelle pondra tout au long de sa vie environ 400 œufs?

Savais-tu que les œufs sont généralement déposés dans un environnement poussiéreux?

Savais-tu que les œufs pondus sur l'hôte tombent au sol, contaminant ainsi les tapis, planchers, lits, fauteuils, etc.?

Savais-tu que de l'œuf sort une larve? Cette puce immature a la forme d'un petit ver blanc. Elle est donc très différente de ses parents.

Savais-tu que les larves ne se nourrissent pas de sang mais de divers détritus organiques?

Savais-tu qu'après la ponte, il faut de 1 à 2 mois pour qu'une puce devienne adulte et soit prête à s'accoupler?

Savais-tu qu'une puce adulte vit en moyenne de 3 à 4 mois seulement?

Savais-tu que quand le climat, le milieu ou la quantité de nourriture n'est pas idéal, le cycle complet du développement de la puce peut prendre plus d'un an?